Massimo, Marco e Valerio
NADDEO

IVO, CARAMELLA
E IL VIAGGIO NELL'ANTICA ROMA

illustrazioni di BUM ILL&ART

Coordinamento editoriale: Sabrina Galasso
Redazione: Euridice Orlandino, Chiara Sandri

Progetto e realizzazione grafica: zazì - Torino
Illustrazioni: BUM ill&art
Audio: Vanni Cassori
Voci: Teresa Fallai e Simone Marzola

Printed in Italy
ISBN 978-88-6182-219-1

© 2011 Alma Edizioni
Prima edizione: settembre 2011

Alma Edizioni
Viale dei Cadorna, 44
50129 Firenze
tel. + 39 055476644
alma@almaedizioni.it
www.almaedizioni.it

L'Editore è a disposizione degli aventi diritto per eventuali mancanze o inesattezze.
I diritti di traduzione, di memorizzazione elettronica, di riproduzione e di adattamento totale o parziale,
con qualsiasi mezzo (compresi i microfilm e le copie fotostatiche), sono riservati per tutti i paesi.

indice

1. Ivo e Caramella 4
2. L'albero degli ossi magici 6
3. Il viaggio nel tempo 10
4. La corsa con le bighe 14
5. L'esercito di Attila 18
6. La battaglia 22
7. L'imperatore Augusto 24
8. A casa 26

1

Ivo e Caramella

Ciao! Io mi chiamo Ivo. Ho dieci anni.
Abito in campagna, con mio padre, mia madre e… Caramella.
Chi è Caramella? Caramella è il mio cane. È piccolo, bianco e ha sempre un **osso** in bocca. A lui piacciono molto gli ossi.
E a lui piace molto giocare. Infatti io e Caramella giochiamo sempre insieme. E qualche volta **combiniamo dei guai**.

osso:

combiniamo dei guai: facciamo cose che non si devono fare.

Una volta abbiamo rotto la finestra con la palla.
Un'altra volta abbiamo bagnato il signor Mario
con la **pompa**.
Così mio padre **mi mette** sempre **in punizione**.
Allora divento triste. Non mi piacciono le punizioni.

pompa:

mi mette in punizione:
mi dà un castigo,
una pena.

2

L'albero degli ossi magici

Un giorno è successa una cosa incredibile.
Io e Caramella giocavamo in giardino. Io lanciavo un **bastone** e Caramella correva a prenderlo. Quando Caramella mi portava il bastone, io gli davo una caramella **in premio**.
A un certo punto ho lanciato il bastone molto lontano e per prenderlo Caramella è uscito dal giardino. Anch'io sono uscito dietro di lui.
Caramella correva, cercava il bastone,
ma il bastone non c'era più.
- Che strano! - ho pensato.

bastone:

in premio:
come regalo.

Alla fine siamo arrivati al bosco. È un **bosco** grande, pieno di alberi alti e verdi. È vicino alla mia casa, ma mio padre mi dice sempre di non andarci.
- È pericoloso. - dice.
Caramella si è fermato di fronte a un grande albero. Lì, per terra, c'era il bastone. L'albero era molto alto e aveva un cartello giallo: ALBERO DEGLI OSSI MAGICI.

Caramella **abbaiava** forte. Sembrava molto **agitato**.
Poi ha cominciato a **scavare**.
- Cosa fai Caramella? Cosa cerchi? - ho detto.
Ma Caramella ha continuato a scavare. Caramella ha scavato, scavato, scavato...
Alla fine ha trovato un osso. Un osso grande, bianco, buonissimo.
Ma appena l'ha messo
in bocca...

WOOOW!!

Abbiamo visto una grandissima luce bianca,
tutto ha cominciato a girare
e io e Caramella ci siamo addormentati.

abbaiava:

agitato:
nervoso, non tranquillo.

scavare:

3

Il viaggio nel tempo

TRACCIA 3

Quando ci siamo svegliati, intorno a noi c'era una grande città. Ma eravamo in un altro tempo. Un tempo lontano. Di tanti anni fa.

- Dove siamo? - ho domandato a un ragazzo vestito con una **tunica** bianca e dei **sandali** neri.

- Come `Dove siamo?´...Non lo sai? Questa è Roma!

- Roma?

Incredibile! Ero nell'antica Roma, la città di Giulio Cesare, di Augusto!

Stavo facendo un viaggio nel tempo!

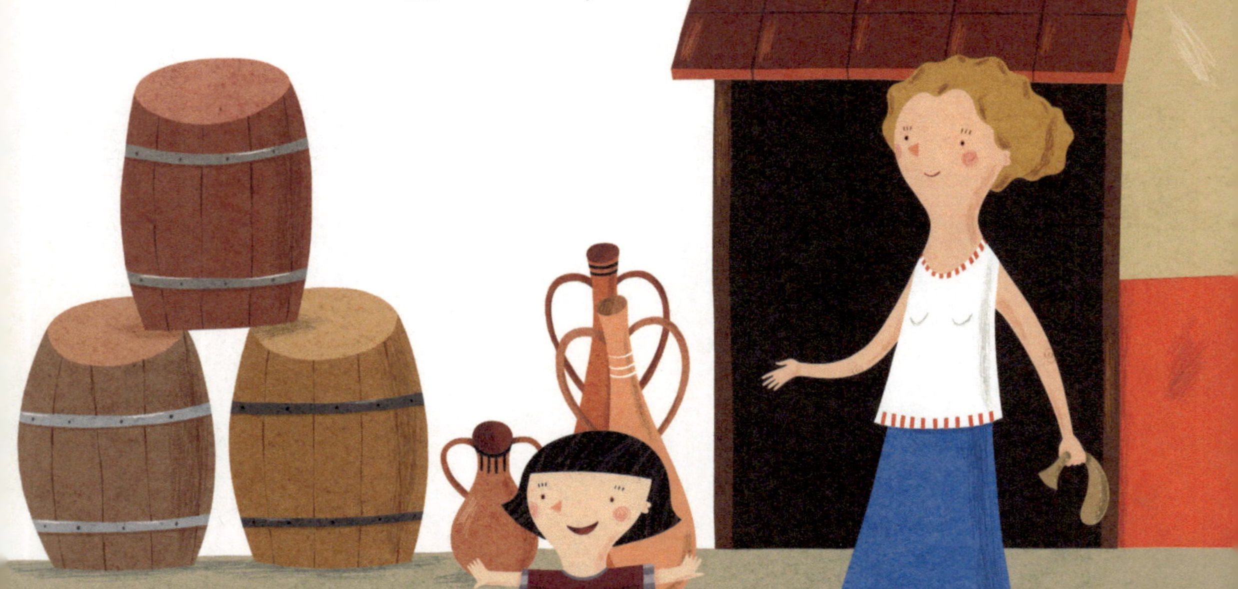

tunica:

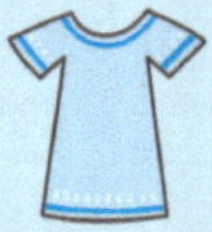

sandali:

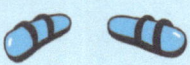

- Io sono Cornelio. - ha detto il ragazzo - E tu come ti chiami?
- Mi chiamo Ivo. E questo è Caramella, il mio cane.
- Tu non sei di Roma.
- No, vengo da molto lontano.
- Sei vestito in uno strano modo e parli una strana lingua, ragazzo. Ma sei simpatico. Vieni, facciamo un giro per la città.

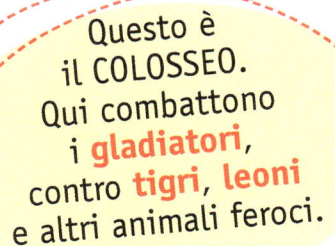

Questo è il COLOSSEO.
Qui combattono i **gladiatori**, contro **tigri**, **leoni** e altri animali feroci.

E questo è il CIRCO MASSIMO.
Qui facciamo le corse con le **bighe**, i carri con i cavalli. Anche oggi c'è una corsa. Vuoi provare?

4

La corsa con le bighe

Il Circo Massimo era pieno di gente. Al centro dello stadio, circondato da alcuni soldati, c'era un uomo vestito di rosso. Era l'Imperatore Augusto. Cornelio si è avvicinato a una biga con un cavallo bianco.
- Lui è il mio cavallo. Si chiama Ventus. - ha detto.
Io, Cornelio e Caramella siamo saliti sulla biga. Vicino a noi c'erano altre nove bighe. Anche loro erano pronte a partire. Le bighe erano di tutti i colori: gialle, azzurre, verdi, rosse. Poi c'era una biga nera.

- È la biga di Brutus. Lui vuole vincere sempre, non è molto corretto. Dobbiamo stare attenti. - ha detto Cornelio.

Brutus era **grasso**, con pochi **capelli** e con pochi **denti**, la **barba** lunga e nera. Non aveva una faccia simpatica.
- Quando il **centurione** dà il VIA possiamo partire. - ha detto Cornelio.
Il centurione ha alzato la mano, stava per dire "VIA!", ma subito la biga nera di Brutus è partita senza aspettare.
- È partito prima del VIA! - ho detto.

grasso:

capelli:

denti:
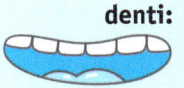

barba:

centurione:

Così anche noi e gli altri siamo partiti. Brutus era davanti a tutti, ma Ventus correva veloce. Dopo un minuto Brutus era ancora primo e noi eravamo secondi.
- Forza Ventus, corri! - ha urlato Cornelio.
Dopo un altro minuto, la nostra biga era vicinissima a quella di Brutus.
- Sono il più forte. Vinco io. - ha detto Brutus.
Ha preso un bastone e ha colpito il nostro cavallo.
Povero Ventus!
- Ma che fa? È pazzo? - ho urlato.
- Te l'ho detto che non è corretto. - ha risposto Cornelio.

Allora ho avuto un'idea.
Ho preso una caramella dalla tasca e l'ho lanciata al cavallo di Brutus.
Subito il cavallo si è fermato per mangiarla. Ma **ha frenato** così forte che Brutus è caduto per terra.
La nostra biga è passata davanti. Primi! Abbiamo vinto!

ha frenato: ha fatto stop, si è fermato.

COSA SUCCEDE NEL PROSSIMO CAPITOLO?
Scegli una risposta.

A Brutus prende Caramella e scappa via.

B Ivo e Caramella tornano a casa.

C Ivo, Caramella e Cornelio prendono un premio.

5
L'esercito di Attila

TRACCIA 5

Dopo la corsa il centurione ci ha chiamato e ci ha dato una **corona d'alloro**.
Nell'antica Roma la corona d'alloro era il premio per i vincitori.
E i vincitori eravamo noi! Ero molto felice.

corona d'alloro:

Brutus invece era arrivato ultimo.
Per questo era molto arrabbiato.
Così è andato via senza salutare nessuno.
Io, Cornelio e Caramella siamo andati
al Foro Romano.
Qui c'era moltissima gente:
alcuni parlavano, altri bevevano,
altri **giocavano con i dadi**.

A un certo punto è arrivato un soldato a cavallo. Era ferito.
- Cosa ti è successo? - abbiamo domandato.
- Vengo da Firenze. L'esercito di Attila ha sconfitto l'esercito romano. I miei compagni sono tutti morti e io sono scappato.
Attila era il re degli Unni, i terribili guerrieri che venivano da Oriente. Gli Unni erano barbari.
I romani chiamavano "barbari" tutti quelli che non erano romani.

I barbari di Attila avevano **lance**, **scudi** e **spade**. In testa portavano un **elmo** con le **corna**. Avevano i capelli lunghi e la barba. La faccia era brutta e cattiva. Facevano veramente paura.

- Attila vuole distruggere Roma. - ha detto il soldato.
È arrivato un centurione.
- Adesso vai a casa, soldato. Devi riposarti.
I barbari sono ancora lontani. Roma è forte e non ha paura di nessuno. Domani penseremo all'esercito di Attila. Ora è tardi, andiamo a dormire.
- E noi che facciamo? - ho chiesto a Cornelio.
- Potete dormire a casa mia. Venite con me.

COSA SUCCEDE NEL PROSSIMO CAPITOLO?
Scegli una risposta.

A Ivo e Caramella salvano Roma.

B L'esercito di Attila distrugge Roma.

C Ivo e Caramella tornano a casa.

6
La battaglia

Cornelio abitava sul Campidoglio, uno dei sette colli di Roma.
La sua casa era piccola, ma con una grande finestra.
Dalla finestra si vedevano gli altri colli di Roma: il Quirinale, il Viminale, l'Aventino, l'Esquilino, il Palatino e il Colle Oppio.
Dalla finestra si vedeva anche la porta della città.
Cornelio mi ha dato una coperta e mi ha detto "buonanotte". Io mi sono addormentato subito. Ero molto stanco.
Caramella invece era nervoso e non dormiva. A un certo punto ha sentito un rumore, è andato alla finestra e ha cominciato ad abbaiare. Mi sono svegliato.
- Caramella, cosa c'è? - ho domandato.

Mi sono alzato e dalla finestra ho visto un uomo che apriva la porta della città. Era Brutus! Dalla porta aperta entravano moltissimi soldati.
Avevano spade, scudi e lance.
In testa avevano un elmo con le corna. Erano gli Unni di Attila! I barbari!
Allora ho cominciato a urlare:
- Svegliatevi! Stanno arrivando i barbari! Svegliatevi!
Anche Caramella abbaiava. Tutti si sono svegliati e hanno preso le spade.
C'è stata una grande battaglia. Romani contro barbari. Alla fine i romani hanno vinto e hanno preso Brutus. I barbari sono scappati.
La città era salva!

COSA SUCCEDE NEL PROSSIMO CAPITOLO?
Scegli una risposta.

A Ivo e Caramella incontrano l'imperatore Augusto.

B Brutus uccide Cornelio.

C Ivo e Caramella incontrano Giulio Cesare.

L'imperatore Augusto

TRACCIA 7

Dopo la battaglia siamo andati a festeggiare al Foro Romano.
Tutti erano felici. C'era anche l'imperatore Augusto.
- Ragazzo, tu e il tuo cane siete stati molto bravi. Grazie a voi Roma è salva. - ha detto - Vi voglio dare un premio. Come vi chiamate?
- Io mi chiamo Ivo e il mio cane si chiama Caramella. - ho risposto.

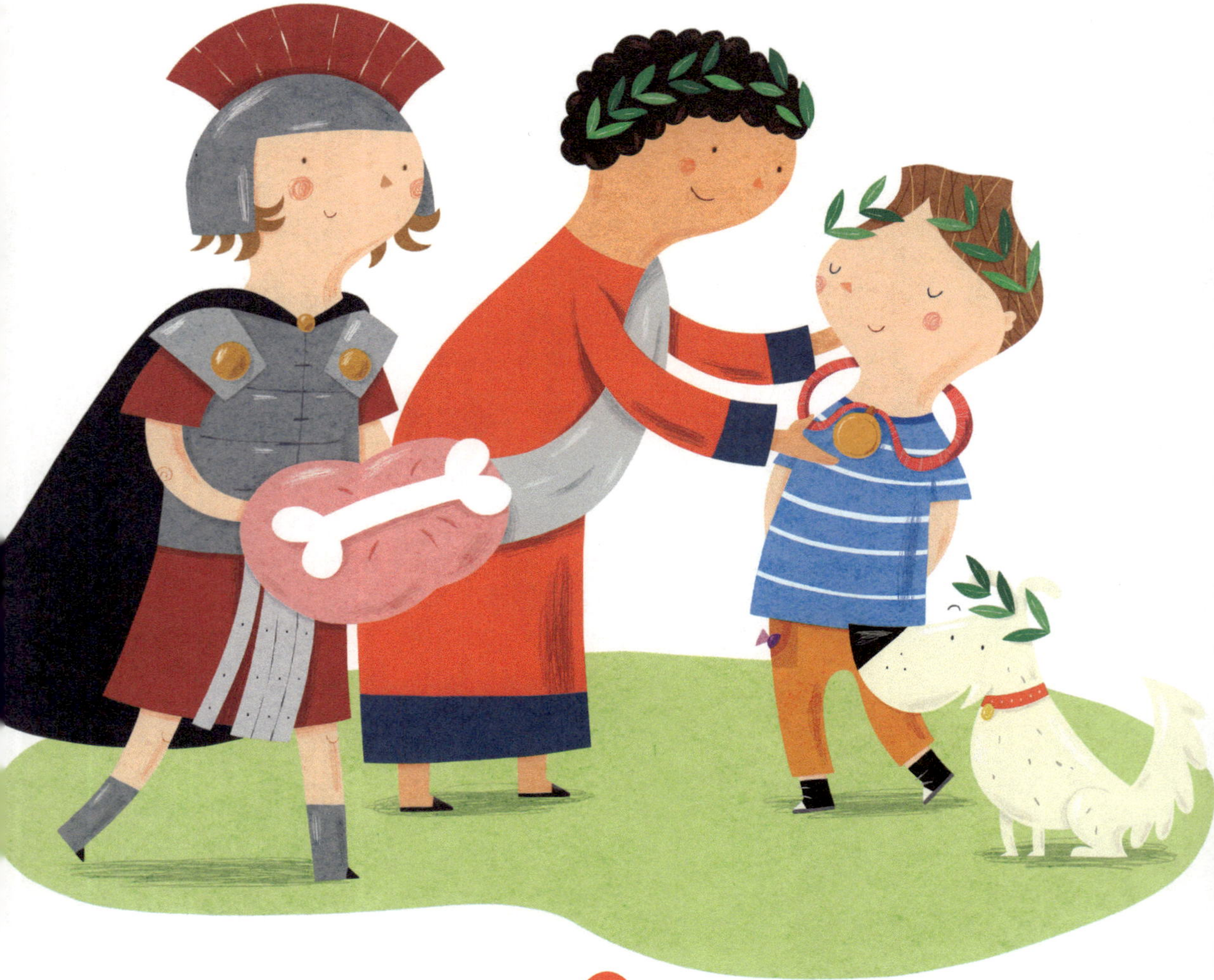

L'imperatore ha preso una **medaglia** e me l'ha messa al **collo**.
- Questa è per te. Ma voglio dare un premio anche al tuo cane. Cosa gli piace?
- A lui piacciono moltissimo gli ossi. - ho detto.
Allora l'imperatore ha detto a un soldato di andare a cercare un osso. Dopo un po' il soldato è tornato con un grandissimo osso bianco.
- Ecco, questo è per Caramella. Roma vi ringrazia.
Caramella era molto felice.
Ha preso l'osso, ma appena l'ha messo in bocca...

WOOOW!!

Abbiamo visto una grandissima luce bianca, tutto ha cominciato a girare e io e Caramella ci siamo addormentati.

8
A casa

Quando ci siamo svegliati, Cornelio, gli antichi romani e l'imperatore Augusto non c'erano più. E intorno a noi non c'era più il Foro Romano, ma gli alberi del mio giardino. Eravamo a casa!
- Ivooooo! Dove sei? - ha urlato mio padre.
- Sono qui, papà.
- Ma dov'eri?
- È una lunga storia, papà. Ora ti spiego. Io e Caramella abbiamo fatto un viaggio nell'antica Roma.
- Ma cosa dici?
- Sì, abbiamo vinto una gara con le bighe e abbiamo combattuto contro i barbari.
- Ho capito: hai letto un libro sugli antichi romani.
- No, papà, non ho letto un libro.
- Allora hai visto un film...
- Nooo... Io e Caramella siamo stati veramente nell'antica Roma. Abbiamo fatto un viaggio nel tempo.

- Un viaggio nel tempo? Ma cosa dici... Forse ti sei addormentato e hai fatto un sogno. Ora vieni dentro, è pronta la cena.
- Va bene papà.
Così sono entrato in casa e sono andato a mangiare. Ma mentre mangiavo guardavo il bosco fuori dalla finestra. Anche Caramella guardava il bosco. Io pensavo all'albero degli ossi magici.
- Domani torniamo nel bosco. - ho detto piano a Caramella - Torniamo all'albero degli ossi magici...
Caramella mi ha guardato felice, si è sdraiato per terra e si è addormentato.

FINE

Capitolo 1. Ivo e Caramella

 1. Completa il fumetto di Ivo con le parole della lista.

| DIECI ANNI | È IL MIO CANE | MI CHIAMO | IN CAMPAGNA |

CIAO! IO _____ IVO.
HO _____.
ABITO _____.
CARAMELLA _____!

 2. Leggi quello che dice Ivo, disegna e scrivi.

COMBINARE GUAI!

Una volta abbiamo rotto la finestra con la palla!
Un'altra volta abbiamo bagnato il signor Mario con la pompa!

E tu che guai combini?

Una volta io _____
_____
_____

3. Guarda la lista e segna le parole del capitolo 1.
Poi scrivile vicino ai disegni, come nell'esempio.

OSSO   MADRE   BAMBINO   TRENO   BOCCA   CASA
POMPA ✓   FINESTRA   OCCHIO   PALLA   PADRE   GATTO   CANE

1. POMPA
2.
3.
4.
5.
6.
7.
8.

4. Leggi, pensa e scrivi.

A CARAMELLA PIACE GIOCARE!

A CARAMELLA PIACCIONO GLI OSSI!

A IVO NON PIACCIONO LE PUNIZIONI!

E a te cosa piace/non piace?

A me piace/piacciono _____

A me non piace/non piacciono _____

Capitolo 2. L'albero degli ossi magici

 **1.** Scegli l'espressione giusta, come nell'esempio.

1. Ivo ha lanciato   un bastone ✓   un osso   una caramella   a Caramella.
2. Ivo è andato nel bosco   con il papà.   con Caramella. ✓   da solo.
3. Sull'albero c'era   un animale.   un cartello giallo. ✓   un bambino.
4. Caramella ha trovato   un osso. ✓   una palla.   una caramella.

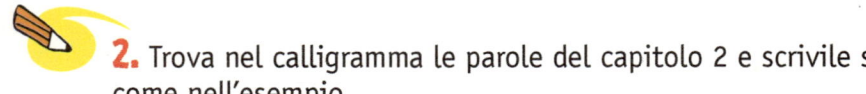 **2.** Trova nel calligramma le parole del capitolo 2 e scrivile sulle righe, come nell'esempio.

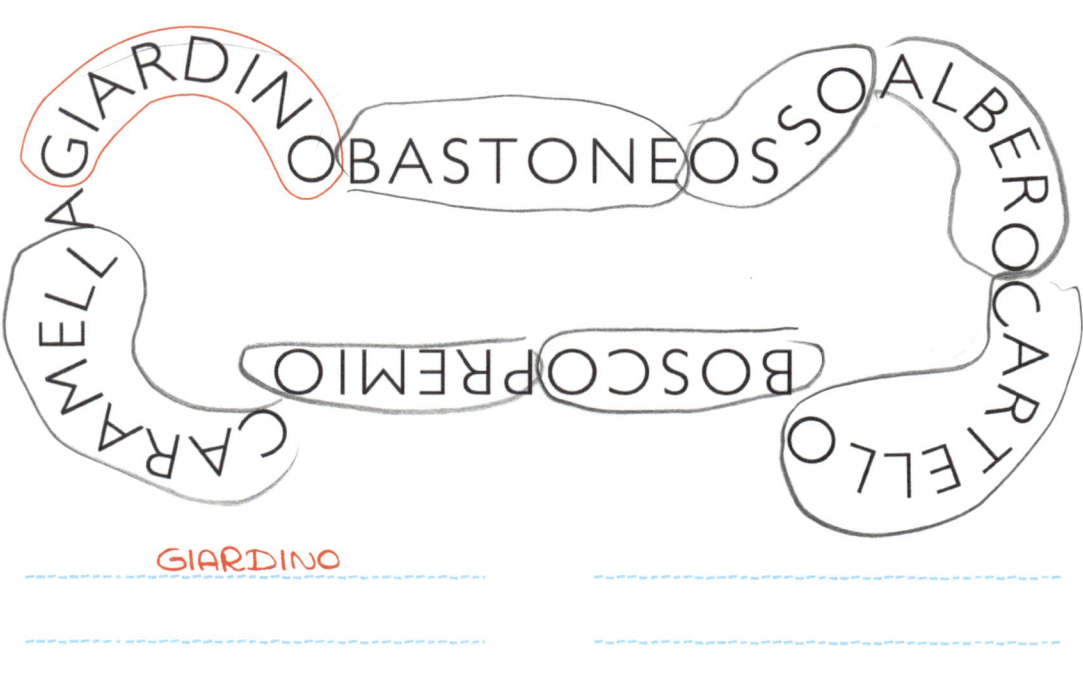

GIARDINO

3. Unisci i verbi ai disegni.

1. SCAVARE
2. LANCIARE
3. ABBAIARE
4. CORRERE
5. USCIRE
6. METTERE IN BOCCA

1. D   2. F   3. E   4. C   5. B   6. A

4. Completa il testo con i verbi della lista.

sono uscito   ho pensato   siamo arrivati   è successa   ho lanciato   è uscito

Un giorno _è successa_ una cosa incredibile. Io e Caramella giocavamo in giardino. A un certo punto _ho lanciato_ il bastone molto lontano e per prenderlo Caramella _è uscito_ dal giardino. Anch'io _sono uscito_ dietro di lui. Caramella correva, cercava il bastone, ma il bastone non c'era più. - Che strano. - _ho pensato_ . Alla fine _siamo arrivati_ al bosco.

Capitolo 3. Il viaggio nel tempo

1. Scegli l'espressione giusta.

1. Ivo e Caramella si svegliano   a casa.   nell'antica Roma.   nel bosco.
2. Cornelio è   un cane.   un gladiatore.   un ragazzo romano.
3. La corsa con le bighe è   al Circo Massimo.   al Colosseo.   a Piazza Navona.
4. A Piazza Navona ci sono   le tigri.   le navi.   i negozi.
5. I gladiatori combattono   al Colosseo.   al Foro Romano.   al Circo Massimo.
6. I Romani riempiono d'acqua   il Foro Romano.   Piazza Navona.   il Circo Massimo.

2. Leggi, pensa e disegna.

Ivo e Caramella fanno un viaggio nel tempo e arrivano nella Roma di 2000 anni fa. E tu? Vorresti fare un viaggio nel tempo? Dove e quando?

 3. Metti in ordine il dialogo, come nell'esempio.

A. __4__ No, vengo da molto lontano.

B. __2__ Mi chiamo Ivo. E questo è Caramella, il mio cane.

C. __1__ Io sono Cornelio. E tu come ti chiami?

D. __5__ Sei vestito in uno strano modo e parli una strana lingua, ragazzo. Ma sei simpatico. Vieni, facciamo un giro per la città.

E. __3__ Tu non sei di Roma.

4. Ascolta diverse volte il pezzo di storia dal CD e completa le descrizioni.

1. Questo è il __Colosseo__.
Qui combattono i __gladiatori__ contro tigri, __leoni__ e altri animali feroci.

2. Questa è __piazza navona__.
Quando noi romani vogliamo divertirci, la riempiamo d' __acqua__ e facciamo dei combattimenti con le __navi__.

3. Questo è il __Foro Romano__, la parte più importante della città: qui ci sono i __negozi__ e gli __uffici__.

4. E questo è il __Circo Massimo__.
Qui facciamo le corse con le __bighe__, i carri con i __cavalli__.

ATTIVITÀ

4+4 = 8 + 8 = 16 :2=8

Capitolo 4. La corsa con le bighe

1. Metti una X sul disegno che corrisponde alla descrizione.

1. Al centro dello stadio, circondato da alcuni soldati, c'era un uomo vestito di rosso.
Era l'Imperatore Augusto.

2. Le nove bighe erano di tutti i colori. Poi c'era una biga nera.

3. Brutus era grasso, con pochi capelli e con pochi denti, la barba lunga e nera.

2. Metti in ordine le fasi della gara, come nell'esempio.

A. _3_ Brutus prende un bastone e colpisce Ventus.
B. _2_ Dopo un po' Brutus è ancora primo, ma Ivo, Caramella e Cornelio sono molto vicini.
C. _5_ Il cavallo di Brutus si ferma per mangiare la caramella e Brutus cade per terra.
D. _1_ La biga nera di Brutus parte senza aspettare.
E. _6_ Ventus arriva primo: Cornelio, Ivo e Caramella vincono!
F. _4_ Ivo lancia una caramella al cavallo di Brutus.

 TRACCIA 10

3. Ascolta diverse volte il pezzo di storia dal CD e completa con i verbi della lista.

| è passata | abbiamo vinto | ho preso | si è fermato |
| è caduto | ho avuto | ho lanciata | ha frenato |

Allora _ho avuto_ un'idea. _Ho preso_ una caramella dalla tasca e l' _lanciata_ al cavallo di Brutus. Subito il cavallo _ha frenato_ per mangiarla. Ma _si è fermato_ così forte che Brutus _è caduto_ per terra. La nostra biga _è passata_ davanti. Primi! _abbiamo vinto_ !

4. Unisci i disegni alle descrizioni.

COME SI DIVERTIVANO I ROMANI?

1. Pari o dispari Un giocatore teneva nelle mani dei piccoli sassi. L'altro giocatore doveva indovinare se i sassi erano pari (2, 4, ecc.) o dispari (1, 3, ecc.).

2. I combattimenti fra animali I romani facevano combattere fra loro tanti tipi di animali: ad esempio animali che venivano da paesi lontani, come le tigri e i leoni, oppure animali molto forti, come il toro e l'elefante.

3. Gli spettacoli teatrali I romani andavano spesso a teatro. Vedevano tanti tipi di spettacoli: canti, danze, attori con le maschere…

Capitolo 5. L'esercito di Attila

1. Scegli l'espressione giusta.

1. Brutus è arrivato   primo.   secondo.   ultimo.

2. Al Foro Romano arriva   Attila.   un soldato romano.   l'esercito di Attila.

3. Attila è un   romano.   re barbaro.   centurione.

4. Per i romani i barbari erano   soldati romani.   popoli stranieri.
tutti quelli che non erano guerrieri.

5. Ivo   torna a casa.   va a dormire da Cornelio.   dorme al Foro Romano.

2. Completa il testo con le parole della lista.

spade   corna   barba   scudi   capelli   lance   elmo

I barbari di Attila avevano _____ ,

e _____ . In testa portavano un _____ con

le _____ . Avevano i _____ lunghi e

la _____ .

3. Recita la scena di un combattimento.

1. Con i tuoi amici, raccogli informazioni su come combattevano i soldati romani e gli unni (armi, vestiti, tecniche...).
2. A casa o a scuola, travestitevi da romani o da unni.
3. Recitate, a casa o a scuola, la scena di un combattimento.
4. Prendete un telefono cellulare o una telecamera e filmate la scena.
5. Fate vedere il film ai genitori o all'insegnante.

Capitolo 6. La battaglia

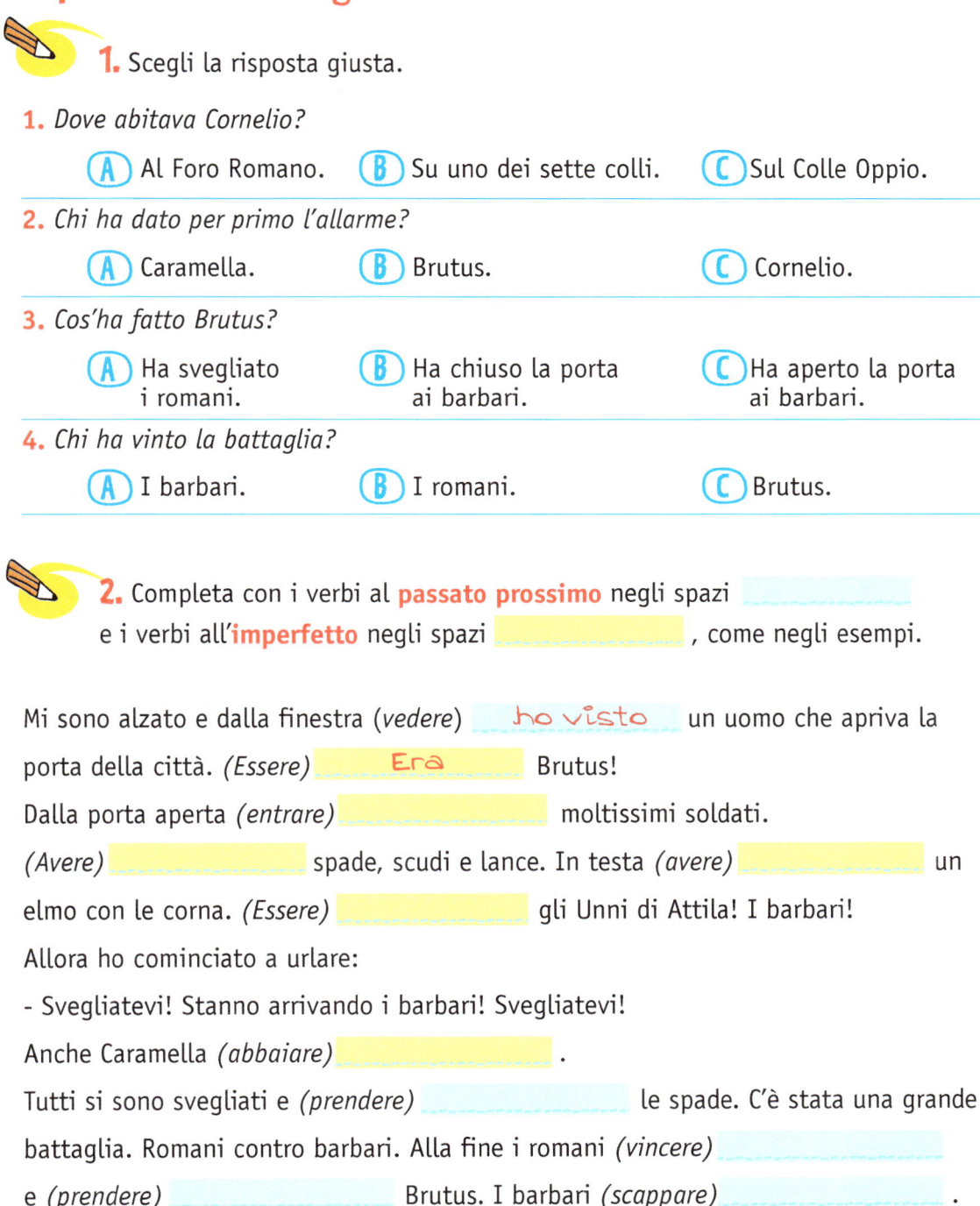

1. Scegli la risposta giusta.

1. Dove abitava Cornelio?
   - (A) Al Foro Romano.
   - (B) Su uno dei sette colli.
   - (C) Sul Colle Oppio.
2. Chi ha dato per primo l'allarme?
   - (A) Caramella.
   - (B) Brutus.
   - (C) Cornelio.
3. Cos'ha fatto Brutus?
   - (A) Ha svegliato i romani.
   - (B) Ha chiuso la porta ai barbari.
   - (C) Ha aperto la porta ai barbari.
4. Chi ha vinto la battaglia?
   - (A) I barbari.
   - (B) I romani.
   - (C) Brutus.

2. Completa con i verbi al **passato prossimo** negli spazi _____ e i verbi all'**imperfetto** negli spazi _____ , come negli esempi.

Mi sono alzato e dalla finestra (vedere) __ho visto__ un uomo che apriva la porta della città. (Essere) __Era__ Brutus!
Dalla porta aperta (entrare) _____ moltissimi soldati.
(Avere) _____ spade, scudi e lance. In testa (avere) _____ un elmo con le corna. (Essere) _____ gli Unni di Attila! I barbari!
Allora ho cominciato a urlare:
- Svegliatevi! Stanno arrivando i barbari! Svegliatevi!
Anche Caramella (abbaiare) _____ .
Tutti si sono svegliati e (prendere) _____ le spade. C'è stata una grande battaglia. Romani contro barbari. Alla fine i romani (vincere) _____
e (prendere) _____ Brutus. I barbari (scappare) _____ .

ATTIVITÀ

Capitolo 7. L'imperatore Augusto

1. Vero o falso?

1. L'imperatore era arrabbiato con Ivo e Caramella. V F
2. Ivo e Caramella hanno festeggiato con l'imperatore. V F
3. L'imperatore ha dato una medaglia a Ivo e un osso a Caramella. V F
4. Caramella era triste perché non voleva l'osso. V F
5. Ivo e Caramella si sono addormentati perché Ivo ha mangiato un osso magico. V F

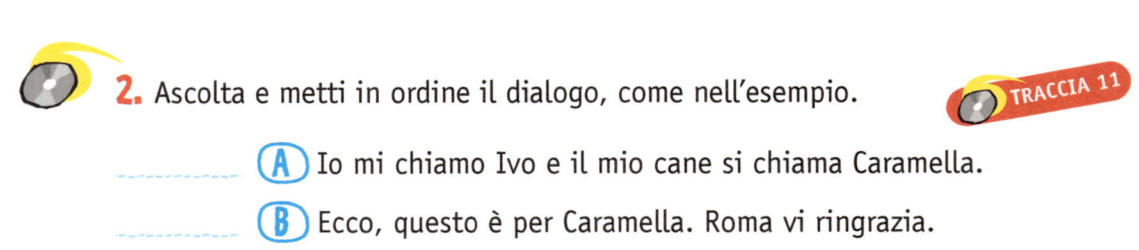

2. Ascolta e metti in ordine il dialogo, come nell'esempio. TRACCIA 11

_____ A Io mi chiamo Ivo e il mio cane si chiama Caramella.

_____ B Ecco, questo è per Caramella. Roma vi ringrazia.

_____ C Questa è per te. Ma voglio dare un premio anche al tuo cane. Cosa gli piace?

__1__ D Ragazzo, tu e il tuo cane siete stati molto bravi. Grazie a voi Roma è salva. Vi voglio dare un premio. Come vi chiamate?

_____ E A lui piacciono moltissimo gli ossi.

3. Recita il dialogo. TRACCIA 11

1. Con un amico cerca una tunica e una medaglia.
2. Travestitevi da imperatore e da Ivo.
3. Imparate le frasi del dialogo dell'attività 2.
4. Riascoltate il dialogo nel CD per sentire la pronuncia e l'intonazione.
5. Recitate il dialogo.
6. Chiedete a un amico di filmare il dialogo con un telefono cellulare o con una telecamera.
7. Fate vedere il film ai genitori o all'insegnante.

Capitolo 8. A casa

1. Scegli la risposta giusta.

1. *Dove si svegliano Ivo e Caramella?*

(A) Al Foro romano.   (B) Nel giardino della casa di Ivo.   (C) A casa di Cornelio.

2. *Chi vedono Ivo e Caramella?*

(A) La madre di Ivo.   (B) L'imperatore.   (C) Il padre di Ivo.

3. *Cosa fanno Ivo e Caramella?*

(A) Vanno a mangiare.   (B) Vanno a dormire.   (C) Vanno a giocare.

2. Ascolta e metti in ordine il dialogo.

TRACCIA 12

_____ (A) Sono qui, papà.

_____ (B) Sì, abbiamo vinto una gara con le bighe e abbiamo combattuto contro i barbari.

_____ (C) Ma cosa dici?

_____ (D) Ma dov'eri?

_____ (E) Ivooooo! Dove sei?

_____ (F) È una lunga storia, papà. Ora ti spiego. Io e Caramella abbiamo fatto un viaggio nell'antica Roma.

3. Pensa, prendi un foglio e scrivi.

Cosa succederà a Ivo e Caramella quando torneranno all'ALBERO DEGLI OSSI MAGICI?

SOLUZIONI

Capitolo 1. Ivo e Caramella
1. Ciao! Io *mi chiamo* Ivo. Ho *dieci anni*. Abito *in campagna*. Caramella è *il mio cane*!
3. 1. POMPA; 2. padre; 3. madre; 4. cane; 5. bocca; 6. palla; 7 finestra; 8. osso.

Capitolo 2. L'albero degli ossi magici
1. 1. *Ivo ha lanciato* un bastone *a Caramella*. / 2. Ivo è andato nel bosco *con Caramella*. / 3. Sull'albero c'era *un cartello giallo*. / 4. Caramella ha trovato *un osso*. **2.** GIARDINO, bastone, osso, albero, cartello, bosco, premio, caramella. **3.** 1D, 2F, 3E, 4C, 5B, 6A. **4.** Un giorno è *successa* una cosa incredibile. Io e Caramella giocavamo in giardino. A un certo punto *ho lanciato* il bastone molto lontano e per prenderlo Caramella *è uscito* dal giardino. Anch'io *sono uscito* dietro di lui. Caramella correva, cercava il bastone, ma il bastone non c'era più. - Che strano! - *ho pensato*. Alla fine *siamo arrivati* al bosco.

Capitolo 3. Il viaggio nel tempo
1. 1. Ivo e Caramella si svegliano *nell'antica Roma*. / 2. Cornelio è *un ragazzo romano*. / 3. La corsa con le bighe è *al Circo Massimo*. / 4. A Piazza Navona ci sono *le navi*. / 5. I gladiatori combattono *al Colosseo*. / 6. I romani riempiono d'acqua *Piazza Navona*.
3. A4, B2, *C1*, D5, E3. **4.** 1. Questo è il *Colosseo*. Qui combattono i *gladiatori*, contro tigri, *leoni* e altri animali feroci. / 2. Questa è *Piazza Navona*. Quando noi romani vogliamo divertirci, la riempiamo d'*acqua* e facciamo dei combattimenti con le *navi*. / 3. Questo è il *Foro Romano*, la parte più importante della città: qui ci sono i *negozi* e gli *uffici*. / 4. E questo è il *Circo Massimo*. Qui facciamo le corse con le *bighe*, i carri con i *cavalli*.

Capitolo 4. La corsa con le bighe
1. 1B, 2B, 3A. **2.** A3, B2, C5, *D1*, E6, F4. **3.** Allora *ho avuto* un'idea. *Ho preso* una caramella dalla tasca e *l'ho lanciata* al cavallo di Brutus. Subito il cavallo *si è fermato* per mangiarla. Ma *ha frenato* così forte che Brutus *è caduto* per terra. La nostra biga *è passata* davanti. Primi! *Abbiamo vinto*! **4.** A3, B1, C2.

Capitolo 5. L'esercito di Attila
1. 1. Brutus è arrivato *ultimo*. / 2. Al Foro Romano arriva *un soldato romano*. / 3. Attila è un *re barbaro*. / 4. Per i romani i barbari erano *popoli stranieri*. / 5. Ivo *va a dormire da Cornelio*.
2. I barbari di Attila avevano *lance*, *scudi* e *spade*. In testa portavano un *elmo* con le *corna*. Avevano i *capelli* lunghi e la *barba*.

Capitolo 6. La battaglia
1. 1B, 2A, 3C, 4B.
2. Mi sono alzato e dalla finestra ho visto un uomo che apriva la porta della città. Era Brutus! Dalla porta aperta *entravano* moltissimi soldati. *Avevano* spade, scudi e lance. In testa *avevano* un elmo con le corna. *Erano* gli Unni di Attila! I barbari! Allora ho cominciato a urlare: - Svegliatevi! Stanno arrivando i barbari! Svegliatevi! - Anche Caramella *abbaiava*. Tutti si sono svegliati e *hanno preso* le spade. C'è stata una grande battaglia. Romani contro barbari. Alla fine i romani *hanno vinto* e *hanno preso* Brutus. I barbari *sono scappati*.

Capitolo 7. L'imperatore Augusto
1. 1F, 2V, 3V, 4F, 5V. **2.** *1D*, 2A, 3C, 4E, 5B.

Capitolo 8. A casa
1. 1B, 2C, 3A. **2.** 1E, 2A, 3D, 4F, 5C, 6B.